Aesthetic
美感 Life
365

Preface

種下美，日日好

Anly

春夏秋冬出發，美感原則融入四季裡
線條、比例、平衡、節奏、統一與強調
透過視覺、聽覺、味覺、嗅覺、觸覺
連結色彩、質感與結構、形貌
串聯當季的飲食、衣著、居住與節慶
享受四季變化的美感生活
春天的美，輕柔淡雅
玻璃杯、櫻花季、雪紡洋裝
展現透明、規律與比例
夏天的美，繽紛鮮亮
扇子、短褲、水果飲品
呼應高彩度、幾何韻律與漸層
秋天的美，溫潤舒緩
枯木落葉、植物染與養生食材
表達秩序、節奏與調和
冬天的美，堅毅又柔軟
節慶派對、冬令進補、棉被大衣
對應紅配綠、冷與暖、厚與薄
一次閱讀一個主題，實踐一個概念
打開美的心，春夏秋冬，日日好

Anly 時尚插畫

@anlygirls

AnlyGirls
系列貼圖

⋮⋮⋮ 美感小種子 ⋮⋮⋮

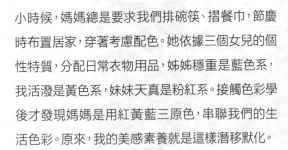

小時候，媽媽總是要求我們排碗筷、摺餐巾，節慶時布置居家，穿著考慮配色。她依據三個女兒的個性特質，分配日常衣物用品，姊姊穩重是藍色系，我活潑是黃色系，妹妹天真是粉紅系。接觸色彩學後才發現媽媽是用紅黃藍三原色，串聯我們的生活色彩。原來，我的美感素養就是這樣潛移默化。

當我成為老師，也成為人母後，特別重視情境教育，特別在乎生活美感的學習。我覺得美感不是抽象的理論原則，而是一次一次在生活中觀察感受、用心累積的美好力量。

ⓜ ⓐ ⓘ ⓐ ⓓ 羅安琍 ANLY

對美感與時尚熱情執著，大三就進入時尚圈，從服裝設計師助理做起，前後擔任國際連鎖服飾陳列、百貨時尚雜誌與化妝品之服裝企畫。有感於美感與時尚教育需向下扎根，進修服裝碩士，修畢藝術生活學分，成為全國家政核心教師、教育部美感教育北區種子老師。多次贏得全國教案比賽優選特優、臺北市行動研究創新教學獎，並榮獲臺北市優良教師、SUPER 教師及人氣教師等獎肯定。

3

	色		質		形	
春 三月 四月 五月	色相	明度	輕重	透明	比例	分割
	8-9	10-11	12-13	14-15	16-17	18-19	20-21
夏 六月 七月 八月	彩度	色調	涼爽	通風	線條	韻律
	36-37	38-39	40-41	42-43	44-45	46-47	48-49
秋 九月 十月 十一月	調和	中介	粗細	秩序	集合	節奏
	64-65	66-67	68-69	70-71	72-73	74-75	76-77
冬 十一月 一月 二月	補色	冷暖	軟硬	厚薄	強調	平衡
	92-93	94-95	96-97	98-99	100-101	102-103	104-105
	視		觸		聽	

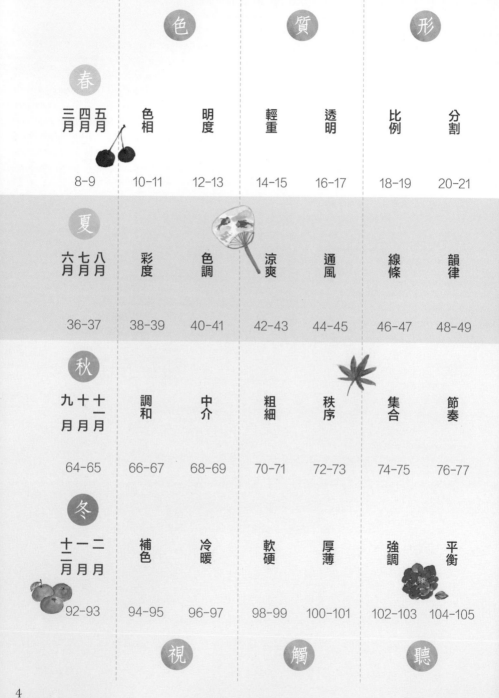

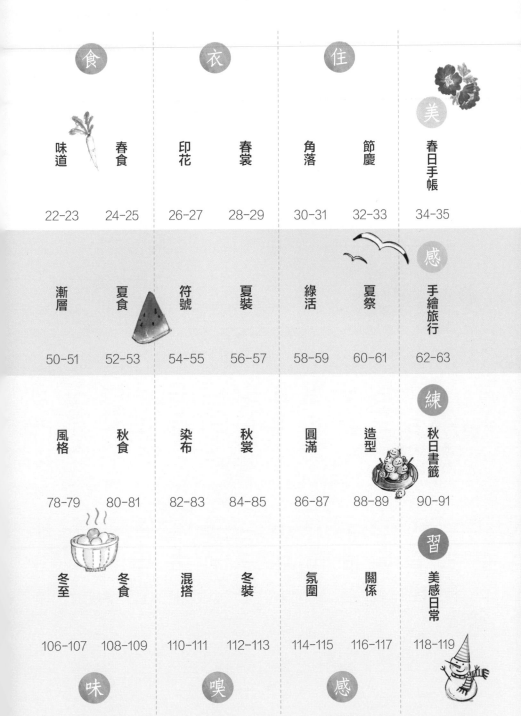

食		衣		住		美
味道	春食	印花	春裳	角落	節慶	春日手帳
22-23	24-25	26-27	28-29	30-31	32-33	34-35

						感
漸層	夏食	符號	夏裝	綠活	夏祭	手繪旅行
50-51	52-53	54-55	56-57	58-59	60-61	62-63

						練
風格	秋食	染布	秋裳	圓滿	造型	秋日書籤
78-79	80-81	82-83	84-85	86-87	88-89	90-91

						習
冬至	冬食	混搭	冬裝	氛圍	關係	美感日常
106-107	108-109	110-111	112-113	114-115	116-117	118-119

| 味 | | 嗅 | | 感 | | |

::: 閱讀指引 :::

1 美感主題：春夏秋冬 x 48 個主題，
看標題找美感

2 手繪插圖：依主題
搭配插圖，連結美
感意境

3 主題概念：摘要主
題內容，認知與覺
察美感內涵

Ingredients 春食
Spring

走一趟春天的市場，感受到生命力的美

剛剛摘下的翠綠色芹菜

連根拔起的白蘿蔔

還有點綴一點紅的草莓與櫻桃

綠色、白色與紅色，串起春天食盤

嚐一口春天的滋味

清甜中帶著微微的酸

從 24 節氣的角度看春天

大地回春，萬物甦醒

綠色蔬菜是春天最重要的食材

將高麗菜、豆芽菜、紅蘿蔔、綠色蔬菜

切成細絲包入餅皮，捲成春餅

就是美味養肝的春食

24

綠
白
紅

春食

食
味

春天的滋味

④ 美感架構：標示於側，貫穿四季、色彩、質感、形體，延伸至生活及感官，方便搜尋

綠色食材

芹菜、菠菜、青蔥

綠色是春天的代表色，最新鮮的蔬菜在春季，要多吃綠色蔬菜，加強免疫力。

白色食材

白蘿蔔、洋蔥豆芽菜、春筍

白色是春天的輔助色，不搶戲的清甜味道，是春天餐桌上不可缺少的配菜。

紅色食材

草莓、櫻桃、紅蘿蔔

紅色是春天的重點色，點綴一點酸甜的滋味，提升視覺與味覺，令人食指大動。

⑤ 美感重點：取材生活，易讀易懂

美 感 行 動

一大早的傳統市場，到處堆滿時令蔬果，看起來一模一樣，卻又有各自獨特的樣貌與活力，走一趟市集，感受菜市場的活力。

⑥ 美感行動：身體力行，覺察生活中愉悅的美感經驗

美感，就是感受當季當下的活力　25

⑦ 美感小語：用一句話，形容美、分享美

Spring

用色彩宣告春天

用基礎三原色調和出百花齊放

粉紅、粉黃、粉綠等高明度色調

在花園裡自由放飛

隨著微風飄動的春裳

跟著春天旅行的蒲公英

每一個轉角都有春的氣息

調整最佳比例姿態

拿起被光線折射出彩虹的透明玻璃杯

敬～浪漫的春日情懷

Plain 色相
Shade

最基礎的紅黃藍三原色
調和出紅橙黃綠藍紫六大色相
每一個色相都是獨一無二
沒有美或醜的絕對差異
只是，當各種色彩搭配在一起時
色彩之間便出現了比較
就像高矮胖瘦一樣，給人不同喜好感受
隨四季轉換，大自然會跟著變換色彩
隨文化的差異也造就不同的城市色彩印象
美的第一課
就是張開眼睛，感受色彩的變化！

色相

三原色

色視

張開眼睛感受美

RED

::: 紅 :::

YELLOW

::: 黃 :::

BLUE

::: 藍 :::

紅色的熱情，連結到太陽、火焰、蠟燭，令人感到熱情如火！連結到血液，讓人血脈賁張，情緒激動！紅色也讓人聯想到臉紅，想到蘋果，可愛又溫暖。

黃色是活躍的色彩，讓人聯想到幼稚園活蹦亂跳的孩子們。黃色也帶來積極與緊張感，就像過馬路閃黃燈時，總會心跳加速，腳步加快。

藍是沉穩。有人說藍色是憂鬱，有人覺得藍色是冷靜，而藍色讓人聯想到天空、海洋與湖泊，給人深沉、穩重與靜謐的氣息。

美感行動

尋找日常生活中最常看到的三種顏色，感受這些顏色給你的心情並記錄下來。

Value
明度

粉紅、粉黃、粉藍……是春天給人的粉嫩印象

色彩學將粉彩色系歸類為高明度

所謂的明度是指明亮的程度

也就是，加了很多白色時

明亮的程度會提高，稱為高明度

例如紅色加上白色，變成粉紅色

反之，加了比較多黑色時

會顯得比較暗沉，稱為低明度

例如紅色加上黑色，就變成暗紅色

透過由深到淺或由淺到深的明度變化

色彩就有不同層次的美感與配色樂趣

明度

黑與白

色視

同色系裡的深淺變化

高明度

高明度給人輕快、柔軟、明朗的基調！運用的不好時，也會讓人有疲倦、柔弱或病態的感受。

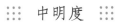

中明度

中明度給人樸素、莊重、平凡的基調，有時也會造成呆板、無趣、貧瘠的感受。

低明度

低明度給人沉重、渾厚、強硬的基調，不小心也會給人黑暗、哀傷、無奈的感覺。

明度對比

將高明度與低明度的顏色放在一起對照，亮色更亮，暗色更暗。例如深綠色的葉子，讓粉紅果實更顯鮮亮。反之，暗紅色的果實也可以襯托翠綠葉子。

便利商店飲料櫃裡整齊排放各種飲料包裝，瞇著眼睛分類看看，哪些是高明度？哪些是中明度或低明度？

Weight
輕重

春天是輕是重？
以春夏秋冬來比較
春天應該是輕盈的，是花開舞飛揚
輕輕搖動蒲公英，輕吹一口氣
一朵朵如羽毛般飄飛眼前
是春天的美
美感的重量，源自生命力
美，可以具象，也可以抽象
可以有形，也可以無形
透過萬事萬物，人與人之間的生命交流
豐富我們的人生
讓我們張開眼睛看到美
閉上眼睛感受美
找到身心安頓的力量

生命力 輕重

春天的重量

質 觸

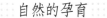

自然的孕育

從植物的萌芽、胚胎的孕育,美感源自於生命,是一種本能,對大自然生命的感動,是直接的反應。

成長的喜悅

動態的成長帶來新的能量,正能量讓我們對生活充滿希望。因為有希望而相信生活會愈來愈美好。

情感的價值

情感的互動與交流,讓美的境界提升,不只是迎接生命與生存,而能進一步追求心靈的滿足。

(美)(感)(行)(動)

試著用心、筆或眼睛記錄萬事萬物的成長軌跡。也許一根小草,都有鼓舞生命的力量。

美感,就是發現與認識每一個生命的獨特性 **15**

Transparency
透明

美感，有距離嗎？

伸出手拿起一個杯子的距離，應該不算太遠

每天喝的水要裝在哪一種容器裡？

保溫杯？玻璃杯？紙杯？塑膠杯？

算看看家裡有幾個杯子？

這些多出來的杯子，是展示在櫥櫃裡純欣賞？

還是被冷落在角落沾灰塵？

拉近美的距離，就從日常開始

春天適合使用有輕透感的玻璃杯

在回暖的陽光下

閃耀出美麗的七彩光！

玻璃杯

透明

換一個杯子

質 觸

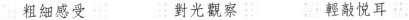

粗細感受

手感要有點沉重，
質料純淨的關鍵是
盡量避免有紋、有
泡或有砂等雜質。

對光觀察

好的玻璃杯厚度一
致，檢查方式是對著
光源轉動玻璃杯一
圈，如果光感一致，就
代表厚度一致，有明
暗差別，就表示厚度
不一致。

輕敲悅耳

輕輕敲擊或用手指
輕彈杯緣，能發出輕
脆優雅的聲音，就是
好品質的玻璃杯。

美 感 行 動

看到玻璃杯時，記得拿起來感
受玻璃杯的外在質地、光澤，感
受玻璃杯特有的透明氣質。

Proportion 比例

長短高低放在一起對照，就產生比例
被認為最具藝術性、和諧性與美感價值的黃金比例就是1：1.618
達文西作品裡〈維特魯威人〉、〈蒙娜麗莎〉、〈最後的晚餐〉
都運用了黃金比例
甚至連莫札特〈D大調奏鳴曲〉的節拍
也正好落在黃金分割點上
黃金比例大量使用在分析人體
完美的九頭身比例
就是依據1：1.618進行分配

::: 上下身比 :::

以肚臍為黃金分割點,上身從頭頂到肚臍 =1,下身從肚臍到腳底 =1.618,黃金比例約為 5:8。

::: 高跟鞋比 :::

當腿長不符黃金比例時,利用高跟鞋就是最好修飾腿長比的工具。試著套入公式,找到適合自己身高的鞋跟。

$$\frac{\text{肚臍到腳底 + 鞋跟高度}}{\text{頭頂到肚臍}} = 1.618$$

::: 上下衣比 :::

運用衣服調整黃金切割點,一樣可以補足比例上的不完美,例如,提高腰線或縮短上衣。讓上下比例接近 5:8。

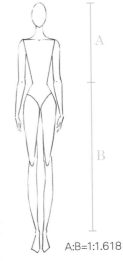

A

B

A:B=1:1.618

(美)(感)(行)(動)

拿一條布尺量身,從肚臍垂直量到腳底的距離,看看自己的身高與腿長的比例,是否接近黃金比例?

The
Golden Ratio

分割

高高低低大大小小的元宵節燈籠
形成了美麗的景象
拿起手機，想捕捉這個畫面時
手機相框提供了完美格線
讓我們依據井字交會點移動鏡頭
選擇最佳構圖
這就是黃金切割在生活中的運用
若能巧秒運用黃金切割的
基本三分法及黃金螺線
將有助於我們在空間配置
食物排盤、穿搭比例
以及拍照畫圖上提升美感

元宵燈籠

分割
三分法與黃金螺線

形
聽

 黃金比例 　　::: 三分法 :::　　::: 黃金螺線 :::

仔細觀察，日常生活裡經常可以發現運用黃金比例1:1.618的經典設計，例如撲克牌、窗戶及桌子等。

將畫面垂直、水平分割成三等分，十字交接處的點，就是視覺的焦點。拍照時，讓主體放在其中一個點上，就是最佳構圖。

玫瑰花瓣的排列、鸚鵡螺的紋路、人類的耳朵，都不約而同形成黃金螺線的完美比例。運用黃金螺旋線，創造理想的構圖分配與空間規劃。

美 感 行 動

準備一個大盤子，把今天的早餐、午餐或晚餐，用黃金分割率的方式來排盤吧！一定色香味美俱全。

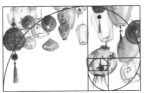

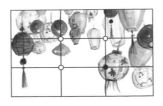

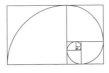

Flavor 味道
Season

選甜點是一道幸福的難題？
單是靜靜觀察每一個點心的精緻手工
就讓人愛不釋手
結合視覺、味覺、嗅覺、觸覺與聽覺的
五感和果子，更是令人驚豔！
和果子的美，融入四季的變化
讓人在還沒放入口中，就已經感受到
和果子的形體、氣味與季節相融合
不知不覺在心中畫出一齣幸福小劇場
想像力刺激了味覺與嗅覺
味覺伴隨著記憶，感受嚐過的味道
留在味蕾裡，讓我們回味無窮

桔梗

和果子

味道

四季的味道

（食）（味）

⠿ 春天 ⠿

櫻花、春梅、檸檬，
帶著酸酸甜甜又澀
澀的記憶。

⠿ 夏天 ⠿

紫陽花、綠豆仁、撒了
鹽巴的西瓜，是鹹甜
的記憶。

椿

⠿ 秋天 ⠿

楓葉、蓮子、薏仁、
白木耳，是厚實滑
口的記憶。

⠿ 冬天 ⠿

山茶花、黑芝麻、黑
棗，想起冬至湯圓的
苦甜味。

紅葉

（美）（感）（行）（動）

感受味道，不一定
要真正吃到，想一
想春天是什麼味
道？用想的也可以
畫出一桌好菜。

あじさい

美感，就是記錄日常的美好滋味　23

Ingredients 春食
Spring

走一趟春天的市場，感受到生命力的美
剛剛摘下的翠綠色芹菜
連根拔起的白蘿蔔
還有點綴一點紅的草莓與櫻桃
綠色、白色與紅色，串起春天食盤
嚐一口春天的滋味
清甜中帶著微微的酸
從 24 節氣的角度看春天
大地回春，萬物甦醒
綠色蔬菜是春天最重要的食材
將高麗菜、豆芽菜、紅蘿蔔、綠色蔬菜
切成細絲包入餅皮，捲成春餅
就是美味養肝的春食

春食

綠
白
紅

食 味

春天的滋味

綠色食材

芹菜、菠菜、青蔥

綠色是春天的代表色，最新鮮的蔬菜在春季，要多吃綠色蔬菜，加強免疫力。

白色食材

白蘿蔔、洋蔥
豆芽菜、春筍

白色是春天的輔助色，不搶戲的清甜味道，是春天餐桌上不可缺少的配菜。

紅色食材

草莓、櫻桃、紅蘿蔔

紅色是春天的重點色，點綴一點酸甜的滋味，提升視覺與味覺，令人食指大動。

美 感 行 動

一大早的傳統市場，到處堆滿時令蔬果，看起來一模一樣，卻又有各自獨特的樣貌與活力，走一趟市集，感受菜市場的活力。

Floral
Print 印花

一塊布花嗅出一個季節
別以為印花布是女生專有
其實，1960 年代嬉皮風盛行
男生透過印花襯衫與印花領帶
大肆鬆綁內斂的情感與對自由的渴望
在織布與印染技術還不成熟的時候
印花、刺繡與裝飾
需要繁複的工序與更高的成本
因此，印花具有高階級與地位的象徵
如今科技帶動數位印花
布料用色與設計更加自由
印花成為傳遞文化與風格的代表

直線印花

直線象徵著次序與支配。如枝幹、葉片、花瓣散落等,展現線性、規律的設計。

曲線印花

曲線象徵著自由與輕鬆。如彎曲的藤蔓、一朵朵的花等,展現彎曲、扭動的設計。

混合印花

多數的印花組合,會結合不同方向的直線與曲線,有時也混搭抽象或具象的圖案。象徵某種程度的自由與某種程度的制約。

美 感 行 動

床單被套,很多都是印花布,研究一下這些印花的圖案設計與排列方式吧!

美感,就是擷取大自然的美,運用在生活　27

Combo 春裳
Outfit

衣服的色彩呼應了四季的顏色
如果要幫春天選一個顏色
清新又溫柔的粉紅色應該是首選
穿上配搭季節的粉色調
彷彿也宣示春天來臨
配搭時記得掌握原則
身上不超過三種以上的顏色
先抓出主色調，例如粉紅色
再尋找不搶眼且融合主色調的色彩
例如白色、大地色、丹寧色等
就能展現春天柔和的協調美

⋮⋮⋮粉紅╳白色⋮⋮⋮

白色最能烘托粉色
如公主、王子般的優
雅氣質,透過白色,
讓粉紅更顯清純粉
嫩。

⋮⋮⋮粉紅╳丹寧⋮⋮⋮

粗獷的丹寧遇上柔弱
的粉紅,讓粉色頓時
增添帥氣風采,男生
女生都適合。

⋮⋮⋮粉紅╳大地⋮⋮⋮

大地色的低調對比,
溫潤了粉紅色的明
亮,讓整體舒適自
在,提升好感度。

美 感 行 動

除了粉紅色,還有什麼顏色
可以代表春天呢?打開衣
櫃,組合出三種適合春天穿
的配色吧!

Corner 角落
Decor

轉角遇到愛，轉角遇到美
從旅行買回來的紀念品
或是從小到大收到的小禮物
甚至蒐集的小公仔玩偶等
布置在每天經過的視線範圍
讓每一次的路過，都能會心一笑
那何嘗不是一種撫慰，一種小確幸
也許，你早就聽過這個故事
某人為了讓一朵美麗的花有棲身之處
重新打掃家裡的角落
可見，美有魔力
讓我們想改變

角落一

玄關╳零錢鑰匙

玄關是進出家門必經之路，準備一個有紀念意義的碗或盤子，拿來放鑰匙、丟零錢。熟悉，也是一種美，這些角落會因為年年月月累積出家的味道。

角落二

冰箱╳旅行磁鐵

蒐集旅行地特有的景點磁鐵，黏貼在冰箱上，每開冰箱一次，就打開一次美好的回憶。

角落三

房間╳祕密寶盒

有些東西未必要展示出來，祕密寶盒裡有好友手寫的小紙條、捨不得丟掉的玩具、手繪的小圖或珍藏的小物品等。把美好蒐集進來，藏在寶盒裡自己獨享！

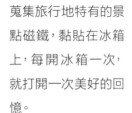

美 感 行 動

試著打造一個春天的角落，你覺得適合放哪些東西來表達春天呢？

Festival 節慶
Gathering

節慶，點綴了我們一成不變的日常
讓我們暫停步伐，調整身心
節慶也帶來人情的暖味
串聯成家人家族的共同回憶
特別是春天的節慶
有慎終追遠、凝聚家族情感的涵義
有歡樂的婦幼節與感恩的母親節
這些節日剛好都跟花有關
讓我們用新鮮的花瓣拼貼成立體花卡
傳遞心意給最重要的家人吧！

節慶

母親節

家族記憶

住 感

::: 重複 :::

一年一次的節慶活動，看似重複卻累積出彼此的舊回憶與新期待。因為重複再重複，我們才有相同的情感，堆疊出共同的記憶。

::: 相聚 :::

一起吃頓飯，一起看部電影，一起逛逛街，形式不拘，談天說地交換心情，相聚才能維繫情感，讓關係不斷延續下去。

::: 記錄 :::

拍張大合照、寫下祝福心情，甚至動手做卡片、畫張小圖來留念，只要願意記錄，就能留住當下。

美 感 行 動

將一束新鮮或人造康乃馨的花瓣一片一片剪下來，用相片膠黏貼在現成或自己手繪的卡片上，拼貼成有層次的立體卡片！

美感，就是藏在心中的一顆良善的種子，慢慢發芽茁壯 33

Spring calendar

春日手帳

每一天都是「美」的一天。留下這一季春天的痕跡，等待下一個春天的來臨。請依據「色質形食衣住」等方向，記錄專屬於你的春日手帳。

色

想像春天應該是什麼顏色的組合？寫出或畫出三種顏色？

把眼睛瞇起來，觀察看看你家客廳的家具擺設，是偏向明亮的高明度色彩，還是穩重的低明度色彩？

質

寫下你賦予春天的形容詞？

找出三個不同質感的容器(如玻璃杯、塑膠水桶等)，摸一摸，感受不同質感的溫度。

形

拿起手機，用三分法格線為構圖，拍下春天的街景。

測量你家的窗戶，有沒有符合 1:1.618 黃金比例？

 食

春天盛產青蔥、韭菜、菠菜、芹菜、白蘿蔔等,你都喜歡吃嗎?

草莓、藍莓與櫻桃,經常用來裝飾蛋糕,你最喜歡哪一種口味?

 衣

打開春天的衣櫃,畫下你最喜歡或最常穿的衣服款式。

找看看,家裡有沒有印花圖案(如床單、桌巾、花洋裝)?形容一下上面的圖案特色?

 住

給書桌一個美感角落,現在就動手打掃乾淨。

春天的節慶裡,有婦幼節、清明節、母親節,你最喜歡哪一個節慶?為什麼?

Summer

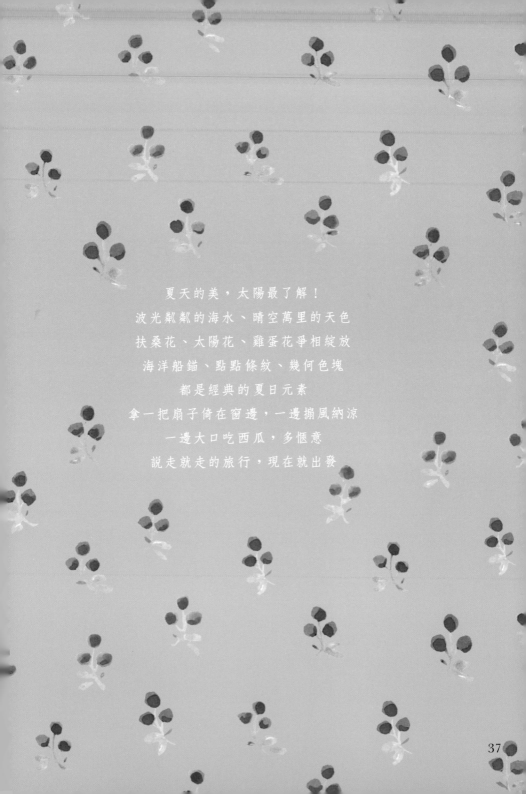

夏天的美，太陽最了解！
波光粼粼的海水、晴空萬里的天色
扶桑花、太陽花、雞蛋花爭相綻放
海洋船錨、點點條紋、幾何色塊
都是經典的夏日元素
拿一把扇子倚在窗邊，一邊搧風納涼
一邊大口吃西瓜，多愜意
說走就走的旅行，現在就出發

Chroma 彩度

夏天的色彩在陽光照映下
顯得特別鮮亮繽紛
就像紅橙黃綠藍紫
以最純淨的飽和度排列在色相環中
沒有加一點白色、黑色或其他色彩
這就是最高彩度的純色
純色加入一點其他色彩，彩度就會降低
因此，彩度與明度不同
彩度是純粹的原汁原味
明度是加白或加黑的明暗變化
高彩度不是高明度
低彩度卻可能是低明度

正藍色底　　　灰藍色底

彩度對比

兩個不同彩度的顏色擺在一起,會顯現相對性。例如暗藍色的圓點,分別放在亮藍色與灰藍色的空間裡比較,暗藍色的點在灰藍色襯托下,顯得比較鮮明,在高彩度的藍色下,顯得比原來顏色更灰濁,這就是彩度對比。

心理刺激

我們的眼睛會因為看到各種不同高低彩度,而反應出不同的心理刺激。藉由高彩度的高注意力,可達成吸引目光、加強警戒且保持安全等效果。如黃色就被使用在紅綠燈的黃燈警示、連鎖速食店的招牌,還有雨衣等。

強弱特性

純色的色彩飽和度最高,給人鮮豔強烈的感覺,隨著彩度降低,就給人比較柔和放鬆的感受。因此大面積使用弱色,點綴一點強色,就能達成強弱平衡。

美 感 行 動

做個實驗吧!找出至少 2 個同色日常物品,比較彩度高低,例如藍色手機 PK 深藍色零錢包。

美感,就是分辨彩度高低與明度變化,找到色彩平衡　39

Tone 色調

色彩的本質是色相、彩度與明度所組成
這三者交互作用，會產生一種感覺
稱為「色調」或「調子」
相同調子放在一起時
就能營造出統一的色彩風格
例如高彩度的紅、黃、藍與綠色
組合成繽紛的明亮色調
讓人聯想到峇厘島的南洋風情
不同調性的配色，組合在一起
往往可以撞擊出新的色彩調子
試著打破色彩既定位置，重新歸納組合
就能創造出色彩新風貌

淡色╳淺色

純色加入大量的白色，彩度會降低而明度會提高，呈現出柔美淡雅的淡色調、淺色調等。

明亮色╳活潑色

單獨將純色組合在一起，就是純色調或活潑色調。稍微加一點白色，飽和度會再舒緩一點，形成明亮色調。

深色╳暗色

主要是由純色加上黑色，產生低彩度與低明度的深色調、濁色調或暗色調。

灰色╳帶淺灰色

當純色加入灰色調時，有彩色就會出現帶灰色調、中間色調、暗灰色調等。無彩色同樣也能利用黑白灰，創造出深淺變化的灰色調、淺灰色調、暗色調等。

美 感 行 動

很多民宿的空間布置，往往會利用色調強調主題風格。如果是夏日旅遊，你最想住進哪一種色調與風格的民宿呢？為什麼？

Breeze
涼爽

夏日午後，風懶懶的，雲熱熱的
真想躲進冷氣房或在電風扇前吹風
若手上有一把涼扇，只需輕搧
就能傳送清涼舒爽的風
風力大小的調整，還可以隨手搖擺控制
扇子是古代納涼之物
雖然冷氣、電風扇、行動風扇等工具
早已取代人力扇子
隨著環保意識抬頭，重新拿起小扇子
一邊撩清風
一邊感受扇面上的詩情畫意

涼爽

扇 子

質 觸

夏天的風

::: 扇子的寓意

扇子的「扇」與善良的「善」諧音，所以扇子有「善良」與「善行」的寓意。扇子不只是用來搧風，也是文化交流的藝術品與表達身分地位的道具。

::: 扇子的種類

最早的扇子是羽毛製成的羽扇。後來中國開始使用圓形有柄的團扇，日本受到影響，發明了摺扇。團扇不可摺疊；可摺疊的稱為摺扇。團扇溫雅，摺扇文氣。

::: 扇子的材質

識扇先識骨，選扇子的三步驟：看材質、做工與上面繪製的書畫。扇骨常見的材質是竹製的，不能太硬也不宜太軟，整體硬朗光滑，且無明顯斑點。

美 感 行 動

除了傳統扇子外，日常隨手可得的材料中，哪些適合做成好看好用的納涼工具（如一張紙對折就可以搧風）？

Ventilation
通風

窗戶的「窗」，古字是「囱」
代表在牆壁上留一個洞
框內是窗櫺，可以透光，也可排出煙
從字形上望文生義
能簡單詮釋出窗戶的用途
窗戶可說是一棟房子的眼睛
開關方式、位置形狀、材質特性
都會影響採光通風與窗內外景色
不僅用來採光、通風、隔音及保暖
還具有表現住宅設計特色的美觀作用
串起整條街道的表情

窗框材質

通風

質 觸

街道的表情

木窗

實木做的木窗質感自然，摸起來有溫度，隔音隔熱效果都很好。因為怕受潮受損，較常見於室內使用，具有很好的裝飾效果。

鋁合金窗

現代建築中最普遍使用的材質就是鋁合金。強度高、耐腐蝕、壽命長，並可透過噴塗加工成各種搭配外牆的色彩。

塑鋼窗

以鋼材為中心支撐，基本材料是塑料，重量比鋁合金窗輕，摸起來是 PVC 塑膠質感。隔熱、隔音效果很好，常見顏色以乳白色為主。

美 感 行 動

窗戶是家的眼睛，試著從屋裡往外看，再從屋外往裡看，有沒有不一樣？窗戶是街道的表情，邊走邊抬頭欣賞街道兩側的窗戶，感受不同材質的窗框吧！

美感，就是用手觸摸，感受物體的質感與溫度　45

Line 線條

一條線往上彎，好像在微笑
保持水平線，給人有點緊張的情緒
線條向下，會散發出不開心的感覺
線條，在幾何學上講求的是精準
本身應該是靜止的
運用在日常的食衣住行時
線條會隨著身體律動或物體移動而變化
線條有很多組合與變化的可能
把線條當成活的東西
透過線條感受到物體的性格
如直條紋的衣服
穿在身上會跟著身體扭動而變成曲線
同一長度的直線，會因為
水平、垂直或傾斜方向不同
產生長度不一的錯覺

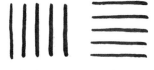

線條性格

形
聽

有情緒的線

同一段長度的線，因箭頭方向造成視覺上有長有短

同樣的大小，直線看起來高，橫線看起來寬

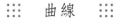

⋮⋮⋮ 直線 ⋮⋮⋮

無論垂直、水平或斜線，都是直線。垂直線顯得細長、輕快，給人理性、剛硬的力量；水平線同樣具有理性與冷靜的特質，但多了沉穩與安定性；斜線則較容易產生不安定或延長的感覺。

⋮⋮⋮ 曲線 ⋮⋮⋮

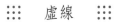

彎曲扭動的線條，給人溫和、柔弱、優美的感覺。相較於直線，更具有立體感。

⋮⋮⋮ 虛線 ⋮⋮⋮

斷斷續續的線條，比起直線更顯柔軟活潑，也比曲線更溫和柔軟，無殺傷力。

美 感 行 動

用一條線當嘴巴，改變不同角度方向時，可以出現幾種表情符號？畫下來看看吧！

Rhythm 韻律

這首歌真好聽，旋律朗朗上口
透過音符的重複排列，產生動人樂章
這就是節奏產生的韻律美
美的排列組合中，首要整齊
再來就是透過有規則的變化
產生重複的韻律
當物品排列與線條不斷的重複再重複
由大變小、小變大的漸變
或規則、不規則的週期性變化
如點點圖案、幾何圖形、動物圖紋
都能感受到這個美好的律動

||| 雙色條紋 |||　　::: 大小點點 :::　　▦▦ 黑白格紋 ▦▦

源自法國的漁夫服與海軍制服的藍白水手服，以雙色橫線重複排列出橫紋圖案。當時對條紋數有嚴格規定，由 21 道寬 10mm，間隔 20mm 的藍白條紋組成。據說是基於安全考量，有助落水者被人發現。也有一說 21 條線代表拿破崙艦隊對抗英軍的 21 次勝利。

拿起點點印章，以等距離同方向持續蓋印，看起來重複單調，卻有凝聚、強調的效果。用大小圓點組成的圖案，稱為波爾卡點（polka dot），最早流行在 19 世紀後期的英國。日本現代藝術家草間彌生的許多作品，更大量使用不規則的波爾卡點。

1981 年鞋廠從青少年塗鴉得到靈感，推出黑白格紋鞋。次年受到好萊塢影星西恩‧潘（Sean Penn）青睞，出現在電影《開放的美國學府》（Fast Times at Ridgemont High）的特寫鏡頭裡，導致全世界瘋狂搶購，到現在仍是刷街率高的代表鞋款。

美 感 行 動

你身邊有哪些東西是條紋、點點或棋盤格的韻律圖案呢？找出來看看吧！

Gradation
漸層

來一碗刨冰消暑吧！
夏日限定的芒果冰，是必吃的甜品
各色各樣的冰品，用當季的水果
調配出新鮮酸甜好滋味
紅橙黃綠藍紫所有顏色，在夏天冰品裡大集合
就像彩虹令人眼睛一亮，食指大動
想自己動手做冷飲嗎？
利用蝶豆花的天然花青素，遇鹼性環境呈現藍色
中性呈現紫色，酸性呈現粉色的特性
配合溫度及步驟的掌握，就能調出美麗的漸層飲

夏日冰品

漸層

食味

夢幻星空飲

:::　材　料　:::

基本材料

蝶豆花、冰塊、檸檬

基底飲料

汽水、蜂蜜水、牛奶
或柳橙汁等

:::　步驟一　:::

1.乾燥蝶豆花加熱
　浸泡出藍色花青
　素汁，放涼備用。

2.檸檬一半擠汁，一
　半切片備用。

:::　步驟二　:::

1.基底飲料倒入玻
　璃高腳杯或冷水
　瓶，約 2/3 滿。

2.冰塊放滿到杯口，
　可緩衝、隔絕色彩，
　避免混色。

3.慢慢倒入蝶豆花
　飲，呈現漸層。

4.杯口插上檸檬片，
　滴入少許檸檬汁；
　花青素遇酸，會呈
　現漂亮的粉紅色。

   美 感 行 動

調配好的蝶豆花飲料，可別急著
喝。放在陽光下欣賞或拍照，感
受奇幻如星空般的色彩漸層美。

美感，就是把廚房當成美感實驗室　**51**

Ingredients
Summer 夏食

小暑一過，一日熱三分
依據五行節氣，夏天屬火
五臟中的「心」臟也是屬火
在夏天就是要養心，保持心情愉快
吃西瓜、燉冬瓜，再來一碗綠豆湯
「夏天吃瓜，冬天吃菜」
夏天有雨季或颱風
葉菜類的成長受天候影響
多選擇根莖瓜果類來替代
冬瓜、絲瓜、茄瓜、小黃瓜等
都是補水降火氣的好食材

瓜類

冬瓜、絲瓜
茄瓜、小黃瓜

夏季是瓜類盛產期，
共同特色是水分充
足，有利除煩解暑。
其中冬瓜含水量高
達 96%，是瓜類之
冠。

水果類

西瓜、芒果、荔枝
火龍果、水蜜桃

夏天的水果偏向橘黃
與紅色，主要是因為
這些果實在發育成熟
過程，葉綠素逐漸被
破壞，留下類胡蘿蔔
素或花青素的顏色。

蔬菜類

空心菜、莧菜、蘆
筍、秋葵、芝麻菜

夏日蔬菜需具備不
怕熱不怕溼的特質，
空心菜、莧菜是最典
型的代表。

 美 感 行 動

空心菜遇熱容易變黑，炒一盤有美感的空心
菜，訣竅是火要大、速度快，過程中加少許檸
檬汁或醋，就能保持鮮綠喔！動手試看看。

Symbol 符號

早在 70 年代末期
就曾掀起一股運動風
美國影星珍·芳達 (Jane Fonda)
發表一支運動錄影帶,大跳有氧舞蹈
引領全球運動熱潮
帶動模仿啦啦隊、運動球員的穿著
如今,運動美學重新洗禮時尚圈
科技素材的日新月異
改善運動過程的溼熱難耐
涼感散熱且不容易產生汗臭味
色彩處理上更具有耐色度
提供更繽紛鮮豔的色彩
提升運動服的設計美感

:::: 隊號數字 ::::

球衣上面的數字背號，是為了清楚辨識上場的球員，因此數字總是與衣服色彩互補對比，呈現出大字、粗體且輪廓清晰的字型。數字也成為運動時尚的設計重點。

:::: 標誌文字 ::::

運動服會放上團隊的隊名、標誌或Logo，展現團隊一致性。延伸至時尚設計時，這些文字也會化成標語，傳遞想法、立場、理念與口號。

:::: 拼接色塊 ::::

運動是一種動態行為，穿上色彩鮮亮且多色拼接的設計款，搭配肢體自由伸展，每個角度看到的色彩都有不同的切割變化。

美 感 行 動

學校的運動服，通常以雙色撞色為設計，你覺得哪一所學校的運動服最好看？具備哪些時尚運動元素？

美感，就是從功能性提升到美觀性　55

Combo 夏裝
Outfit

棉被、衣服來做日光浴！
曬得暖呼呼的捧在手上
靠近聞，會有被陽光擁抱的幸福感
夏天的衣服著重涼爽通風
棉質最天然舒服
機能材質最透氣排汗
T恤短褲是不分男女的夏日便裝
注意材質的吸汗、排汗、舒適涼爽外
還要考量配色問題
選擇高明度與寒色系
藍與白，最能代表夏天

⋮⋮⋮藍色×藍色⋮⋮⋮

上下衣服顏色相同，具一致性，且有顯高顯瘦的效果。若要避免同色的單調呆板，可運用色階的變化，展現深淺層次的同色系配色。

⋮⋮⋮白色×白色⋮⋮⋮

白色搭配白色，可透過材質變化出不同的感受。如有彈性的針織白Ｔ恤，有粗紋理的麻紗白褲子，亮白細緻的皮面球鞋。不同的質感讓白色不只是白色。

⋮⋮⋮藍色×白色⋮⋮⋮

藍白配給人藍天白雲、海洋天空的清新氣息。除了以色塊大面積搭配成上藍下白或下白上藍外，也經常運用在藍白橫紋或直紋的圖案設計上，是經典的夏日配色。

美 感 行 動

找出衣櫃裡所有藍色及白色的夏裝，試試看可以配出幾種穿搭組合？

Herbs 綠活

陽光、空氣與水，一起來享受綠生活
孕育種子，需要一點天時地利人和
不如直接買一盆香草回家更方便
首推迷迭香、百里香及綠薄荷
只要日照充足、水分控制得宜
有事沒事都要修剪枝葉
不只拿來聞香欣賞
還要讓香草盡情發揮全方位功效
準備冰棒棍、紙卡、色筆及貼紙
為香草盆栽做花插
寫上香草名稱、特質與注意事項
布置屬於自己的小田園

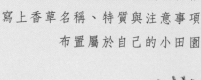

香氛生活 ⋯⋯ 綠活

住 感 夏日香草

Rosemary

::: 迷迭香 :::

靠近聞有濃郁的香氣；加入餅乾或糕點烘焙，散發淡淡青草香，也是肉類的最佳佐料。令人食指大動的迷迭香烤雞，就是加入迷迭香、大蒜、橄欖油，少許胡椒鹽一起醃漬，再進烤箱烤至微焦。

Thyme

::: 百里香 :::

散發優雅香氣，淡淡檸檬味，適合泡茶喝，也適合拿來裝飾排盤。百里香更是西餐的香料靈魂，煎牛排、熬湯、燉肉、甜點、麵包或茶，都會見到它的蹤影。

Spearmint

::: 綠薄荷 :::

聞起來有點青箭口香糖的氣味，只要用手搖動一下葉子，空氣立刻清新舒爽。剪下來的葉片，經常被放在飲料、甜品、蛋糕或沙拉上點綴裝飾，直接沖泡茶飲，也十分沁涼消暑。

Spearmint

Rosemary

美 感 行 動

選一種你喜歡的香草來種植，讓香味走進生活裡，享受香草的多用途。

Ceremony

夏祭

夏至過後，就是端午、七夕與父親節
農曆五月五的端午節
是結合味覺與嗅覺的節慶
享受端午粽香、香包也香香
農曆七月七的七夕
是視覺、聽覺與觸覺的節慶
在喜鵲的祝福下，交換彼此的心意
國曆八月八的父親節
因為「八八」和「爸爸」發音相近
用以表達對天下父親的感恩
這三個節慶的意義各不相同
都讓我們有理由跟所愛的人聚集慶祝
人與人之間的感恩回饋
就是最美也最值得回味的畫面

菖蒲

艾草

::: 慶端午 :::

吃粽子包中

快考試的學生、求
子的父母，都要來
一口粽子，取諧音包
「中」。

戴香包驅蚊

傳統的香包強調避
邪驅瘟，裡面清香宜
人的藥材，也是蚊蟲
剋星。

蒲艾榕葉好兆頭

菖蒲形如利劍，可斬
妖驅魔；艾草的氣味
有驅除蚊蟲的效果；
榕樹葉有避邪的作
用。將這三種葉子
懸掛在門口，祈求保
佑。

立蛋好好玩

正中午全家大小一
起玩立蛋，比一比
誰最快把生雞蛋直
立起來，代表來年
鴻運當頭。

結伴遊調心

傳統習俗裡，男女老
少會穿上新衣服去
郊外踏青，晚上用
艾草、菖蒲煮水洗澡
去晦氣。現代人到戶
外走走，也有轉換能
量的意義。

榕葉

美 感 行 動

南北各地的粽子各有特色，你最喜歡吃哪一種粽子？請觀察比較，
並拍照或畫出粽子的外觀特色、內餡食材等。

Summer Trip 手繪旅行

利用暑假，安排一場夏日旅行吧！學習用更細膩的眼光感受旅程的人事物，不走馬看花，也不忙著拍照。出發前先做足功課，研究當地特有的食衣住行，做好行前筆記。旅行過程中，邊玩邊畫、邊蒐集、邊記錄。不用講求塗鴉技巧，重點在於真實的感受。不會畫就寫，或是拼貼旅遊地的票根、收據、名片等，也是一種方式喔！

時 & 地（寫下旅遊日期與旅遊地點）

出發前印象功課

食（蒐集旅遊地的美食，寫下你最想吃的口袋名單）

衣（蒐集旅遊地的傳統服飾或當地穿著特色）

住（查詢旅遊地的建築特色或觀光景點）

行（查詢遊逛旅行地所需的交通工具，是否有特殊的交通方式）

出發後五感塗鴉

(視) 畫下這趟旅行印象最深刻的景點,如紅磚瓦平房。

(聽) 在旅遊過程,你聽到哪些聲音?海浪的聲音?吵雜的人聲……都可以記錄
下來。

(味) 你吃到哪些食物?請盡量畫出一道道美食,如一碗冰、一杯冷飲。

(嗅) 你覺得這個旅遊地充斥著哪些氣味?如雞蛋花的花香。

(觸) 你在旅行過程中,接觸到哪些特殊的人事物?如石頭、貝殼、問路的人等。

63

Autumn

天涼好個秋！

風清、蕭瑟、月圓、鄉愁……

點出秋瑟、秋景與秋意美

秋日是溫和中性的大地色系

介於夏的熾熱與冬的冰冷

隨著節氣轉變，回歸秩序、節奏與圓滿

走向中庸之道，安頓身心

就像洋蔥式的穿搭一樣

此時的美，是保持彈性，調整自己

與大自然相互尊重與適應

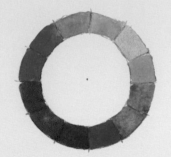

Harmony
調和

調和，不是單一概念
包含對稱、均勻、比例與秩序等綜合性
當兩個或兩個以上的色彩相互配搭
產生和諧的現象，就是色彩的調和
理想的調和，是從秩序中產生
並在統一中求變化，或變化中求統一
高雅、華麗、活潑、沉穩……
都是配色產生的感受
不同顏色撞擊出不同的調和性
也可能產生俗氣、混亂與不舒服感
配色需要觀察與練習，比較與感受
創造和諧色彩

12色相環

指定色 ↔

30°

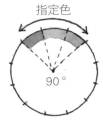

指定色

90°

色…
環…
角…
度…

調和

色 視

同色與類似

::: 色環角度 :::

將12色相環分配成
12個刻度，每個刻
度30°。調配色彩
時，依據角度不同，
歸納出各種色彩的
調和現象：

同色系→30°以內
類似系→90°以內
中差調和→
120°相對位置
補色調和→
180°對角線位置

::: 同色調和 :::

同一家族血緣相通，
配在一起很柔和。
0°～30°都是單一
色相的配色，透過明
度或彩度高低產生層
次變化。例如指定色
是黃色，可自由搭配
高明度低彩度的粉黃
色，或低明度低彩度
的深黃色。

::: 鄰近調和 :::

鎖定一個指定色，色
環角度左右移動，約
在90°以內，即類
似色的調和。簡單
來說，就是左鄰右舍
的配搭，例如指定色
是黃色時，左邊是黃
橙，右邊是黃綠。因
為共同色都是黃色，
所以容易調和，彼此
有默契，給人和諧相
容的感覺。

美 感 行 動

撿起一段秋天掉落的枯枝，觀察看看，是
由哪些顏色調和而成。試著拿出水彩，將這
些顏色暈染在一起，感受大自然的調和美。

Auxiliary

中介

太多顏色放在一起，容易造成視覺疲勞
也容易引起顏色間的不和諧
如何讓眾多色彩和平共處？
黑色、灰色、金銀、大地色系等顏色
就是扮演兩色中間橋梁的最佳和事佬
大面積的灰白色牆壁
烘托客廳的紅色沙發
黑色皮帶
串聯上下不同色的衣服
透過中介色彩隔離
達成色彩間的緩衝與調和

緩衝色彩⋯ 中介

色
視

主色輔助色

::: 黑白灰 :::　　::: 大地系 :::　　::: 金銀 :::

同樣色彩搭配黑色或白色，結果不一樣！黑色會吸附主色調的部分光彩，讓整體配色更成熟穩定；白色會提升主色調，讓整體看起來更年輕有活力；灰色則是不慍不火，展現優雅的平衡感。

近乎無色彩的低彩度，如淺卡其色、灰藍、灰綠、灰黃等大地色彩，也是配色的好選擇。這些顏色低調不彰顯自己，適合搭配各種色彩，呈現淡雅氣質。

金色與銀色，具有鑲嵌作用，在所有色彩中獨樹一格。搭配金色顯得華麗，搭配銀色較為高雅，各有特色。

無色彩與大地色的整體穿搭，
凸顯出口紅的紅與髮色的黃。

美 感 行 動

哪一種顏色的鞋子最好搭配衣服？黑色？
白色？大地色？還是有其他色彩呢？

美感，就是不斷調整、找尋及協調的過程　69

Contract

粗細

拿筷子吃飯，是東方的飲食習慣
原始人用手抓食物吃，後來怕燙手
就拿起樹枝夾取滾燙的食物往嘴裡送
於是，出現了筷子
經過長期的發展
中式的筷子逐漸形成頭圓尾方
日式的筷子前端比較細尖
韓式筷子則是平平扁扁的
別小看筷子，很多家教與禮儀
都藏在這雙筷子裡

一碗飯…

粗細

質 觸

日常的筷子

::: 筷子特色 :::

筷子的標準長度是七吋六分,象徵情緒的七情六慾,筷子的使用,講究配合和協調,是優雅的槓桿原理。一根動,一根不動,才能夾得穩。兩根都動,或者兩根都不動,就夾不住。

::: 筷子禮儀 :::

中式筷子垂直放在碗的右邊,日式筷子則以橫式放在筷架上。記得要等長輩動筷,晚輩才動筷;不能夾了菜再放回去給別人吃;放下筷子時,要把筷子對齊放回筷架。

::: 筷子禁忌 :::

千萬不能將筷子直直插在碗上,也不宜橫放碗上。取用食物時,不要拿自己的筷子去夾取別人筷子上的食物,更不能拿筷子指人或橫跨過別人的筷子上,這些都是禁忌。

美 感 行 動

準備一雙自己喜歡的筷子,隨身攜帶!一方面環保衛生,一方面也是對一粒米、一碗麵、一盤菜的尊重。

Order

秩序

小時候最常聽到媽媽在廚房裡喊
快來幫忙端菜排碗筷
準備吃飯囉！
長大後，我也這樣訓練孩子
上菜前，將餐桌整理好
鋪上餐墊並放上個人專屬筷架
筷子與碗盤
透過觀察與思考
隨食物種類選擇餐具的質材形狀
及搭配合宜的色彩圖案
隨四季與餐點風格
改變桌墊、桌巾與擺設方式
將排盤、排碗筷當成品味的學習

秩序

上…菜…了…

質　觸

排盤排碗筷

:::排盤重功能:::

排盤的前提在於符合目的性,例如有湯水的食物要放在稍有深度的盤內,不能為了美觀放在平盤造成外溢。學習判斷食物與碗盤之間的供需,就靠日常多練習,從中得到經驗。

:::餐桌要整齊:::

排碗筷是準備開動的儀式,搭配一人一個桌墊的好處是讓用餐有個人區塊。放置筷子、湯匙與碗盤時,可以有明確整齊的位置。至於餐具數量與色彩配搭,可隨著菜餚特色而異。

:::餐具佐佳餚:::

餐具搭配需有整體個性,可以對比,也可以協調。如白米飯放在粗面陶碗裡,產生對比感,凸顯米飯的粒粒分明。若是放在白色骨瓷碗裡,則呼應米粒的光滑彈性。不同碗盤對應出不同美味,試一試,多比較。

（美）（感）（行）（動）

你最喜歡或最常用的碗盤筷子是怎樣的材質、形狀與圖案?有沒有特別的故事可以分享?

Collection
集合

楓葉正紅秋正濃
走在幽幽的山間小徑
落葉枯枝隨腳步唱和起舞
「嚓！嚓！嚓！」的細碎聲音，是秋天的吟唱
拾起飄落的紅葉，伴隨一些枯乾的樹枝
乾燥粗硬的質感
跟春天的嫩枝嫩葉天差地遠
季節讓顏色改變，讓質感跟著變化
楓葉就像季節的試紙
由綠轉黃再變紅
爭相鬥豔，如火如霞
來趟賞楓之旅，享受秋天的天籟

┈┈ 落葉正飛舞 ┈┈

一抬頭，枯黃的葉
子隨著風，在空中盤
旋，一轉身就飛舞
落下。再隨風輕輕
揚起，與地上的落
葉聚集共舞，波浪
起伏充滿律動美！

┈┈ 赤腳踩落葉 ┈┈

將滿地枯乾的落葉當
琴鍵，用我們的腳，
忽快忽慢的跳著敲響
枯葉。窸窸窣窣的，
彷彿是秋天的聲音，
是葉片在腳下的嘆息
聲！

┈┈ 拾楓做標本 ┈┈

挑選剛落下不久，完
整無破損且沒有蟲
蛀的落葉，清乾淨泥
沙，上下用 A4 紙小
心包覆，夾入厚厚的
書本裡壓平十天以
上即可。

美 感 行 動

從每一個季節選一片代表性的落葉，
做成四季標本書籤，記錄四季變化。

Tempo
節奏

悦耳的聲音充滿魅力，讓人深深著迷！
光聽聲音就能贏得人心
聽他們說話是享受
好聽的聲音需注意音調、咬字與音量
嬌嗲低沉、渾厚沙啞各有特色
重要的是分辨場合地點與對象來說話
最怕是官腔官調、含糊不清、聲音太小
人與人的對話，是生命力的交談
需帶有情感的回應
再搭配適宜的聲音表情
才能透過說話
達成溝通、說服與安撫的力量

節奏
悅耳動聽
形
聽
聲音的魅力

::: 音調速度 :::

日常說話不需要強調抑揚頓挫，過度高亢的說話音調，易讓人反感！過於平淡的音調，易給人欠缺情感且有氣無力的負面感。說話過程盡量維持最高音與最低音相差在五個音階左右，隨時調整說話節奏，不要忽快忽慢。

::: 音量大小 :::

音量太大很刺耳，音量太小沒自信，說話糊在一起喃喃自語，讓人不知所云。音量要能聽出輕重，依據說話內容需要可適度調整大小。天生音量小且虛弱的人，記得放慢速度，讓發音正確，就能彌補不足。

::: 咬字清楚 :::

對著鏡子練習，看自己說話的表情、聽自己說話的聲音，找到自己的語速，如果連自己都聽不清楚或不喜歡自己的說話方式，別人也很難理解你所要傳達的意思。

美 感 行 動

洗澡時唱唱歌，可以紓解身心疲憊；洗澡後對著鏡子說說話，可以增加自己說話的魅力，提升自信心。

美感，就是透過語言傳遞感情，並達成溝通　77

Style 風格

帶著自己做的輕食點心
提著藤編籃與野餐墊
約家人朋友一起來野餐
坐在草皮上樹蔭下
享受秋天微風輕輕拂過
一場有風格的戶外野餐
需先確認主題、元素與色系
從餐墊布置、食物準備到服裝穿搭
都要呼應風格
如英倫風野餐會，主要元素是格紋
色彩以英國國旗紅藍白為主
準備一些英國小騎兵
泰迪熊、米字旗等裝飾品
讓野餐就像是派對

郊… 遊… 趣…

風格

食 味

主題野餐日

∷ 野餐墊 + ∷
三角旗

野餐墊是一張餐桌，三角旗是區隔空間的小屏風。原木系的圖案很搭鄉村風，紅白條紋圖案很美式風，小碎印花就是復古風，點點圖案好日式。在草坪上鋪野餐墊，在樹上掛著三角旗，打造有特色的野餐氛圍。

∷ 藤編籃 + ∷
三明治

野餐的食物一定要放入藤編籃才對味。例如壽司、三明治、小點心。鋪蓋一塊印花布，讓食物可以得到更好的保護和保溫。記得餐具杯盤也要準備好，避免使用一次性的塑膠餐盤或紙杯，減塑低碳是野餐應有的態度。

∷ 遮陽帽 + ∷
一本書

野餐裝扮要搭配風格色系、方便坐臥且好行動的款型。通常長袖比短袖好，長裙比短裙方便，寬褲比緊身褲自在！準備太陽眼鏡與遮陽帽，悠閒的在陽光下看看書，彈吉他、發發呆，多麼舒適又愜意！

美 感 行 動

設定主題風格、元素、色調，規劃場地與時間，分配好餐點食物與餐墊布置等工作，和家人或三五好友穿上相同風格的服裝，一起來辦秋日風格野餐會吧！

美感，就是一種風格　79

Ingredients
Autumn秋食

曬柿子是秋天限定的美景
一顆顆金黃碩大的柿子
放在棚架上做日光浴
感受空氣中陣陣甘甜的香氣
秋天以「收」為原則
萬事萬物慢慢趨向收斂
養生潤肺成為食補重點
尤以山藥、蓮藕、牛蒡為代表
這些白色食物的氣味不強烈
適合與其他菜色配搭
透過白色的點綴，提升盤中的
明亮感與美味協調

白色蔬菜

蓮藕、山藥、牛蒡

白色是秋天食材的主色,中醫有所謂「色白而入肺」的說法,趁著秋天盛產,多吃白色蔬菜。

白色水果

水梨、文旦柚

吃柚子、戴柚皮帽,一邊賞月一邊吃月餅,節慶透過飲食文化,緊密聯繫人與人之間的情感。

黃色食物

柿子、南瓜

還沒有烹煮前,不妨將柿子與南瓜放在餐桌上欣賞,利用當季蔬果布置餐桌。

美 感 行 動

挑蓮藕先數孔。蓮藕有幾個孔?據說七孔軟糯適合煮湯、九孔甜脆適合涼拌。吃蓮藕時記得數一數,看看口感是不是真的不一樣。

Dyeing
染布

愈是生活在科技代勞的時代
愈要在乎無可取代的手工價值
享受美麗的外觀之餘
也別忘記選擇對環境友善的材質
避免過多添加合成與化學染劑
造成環境破壞與汙染
蒐集用不到的果皮落葉當染劑
落實環保綠時尚
讓自然中的美好循環下去
天然植物染也許不如化學染劑鮮亮
也較容易隨洗滌次數與使用磨損而掉色
卻能傳遞生命溫度與人味

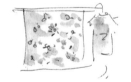

染布

拈花染草

衣 嗅

天然植物染

::: 染劑材料 :::

剝下來的洋蔥皮、
過期茶葉,還有樟
樹、榕樹、芒草、蘇
木或核桃,都是不
錯的天然植物染材。
使用前先將葉片剪
成小片,樹枝也要切
成小段備用。

::: 煮出色料 :::

染材和水的比重約
為1:1,乾材要預泡
30分鐘,再以中小火
煮開過濾。樹枝、根、
果實大約需要煮1小
時,花、草、葉等約煮
20～30分鐘。可視
自己喜愛的深淺加減
水分,並將各種不同
植物染料自由混色,
創造更多色彩變化。

::: 手染美學 :::

準備一塊棉100%
的布塊或手帕,以摺
疊夾緊,扭捆打結或
以棉線捆綁、橡皮筋
纏緊纏繞等方式,製
造暈染紋路。
煮染過程可加入鹽
或白醋,幫助布料更
好上色。煮染後等冷
卻,再沖洗到沒有色
料流出,即可打開晾
乾整燙。

美 感 行 動

用植物變魔術,染
出各種美麗的色
彩!薰衣草有天然
的紫色,火龍果有
天然的紅色,蝶豆
花可以染出藍色,
你還想到哪些植物
可以染色?

茶葉　洋蔥　薰衣草　蘇木

美感,就是讓自然中的美好循環持續發生 　83

Combo Outfit 秋裳

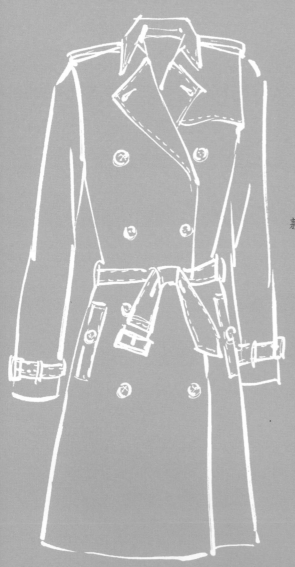

秋風微涼，日夜溫差大
服飾的配搭需要更靈活的組合
以多層次的洋蔥式穿搭為原則
由薄到厚，由內向外
最吸汗透氣的穿最裡面
能保暖擋風的穿最外面
就能應付忽冷忽熱的溫差變化
三層式的穿搭，重點在質料
款式色彩可視個人喜好自由調整

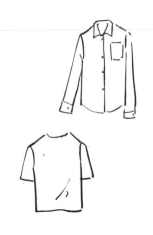

秋裳

由…內…而…外

洋蔥式穿搭

衣 嗅

第一層

吸汗舒適

靠近肌膚的衣服，
最需要舒適、吸汗
與透氣的材質。內
衣之外，棉T是很
好的內搭，也是一年
四季百搭的款式。

第二層

輕薄保暖

這一層就像夾心餅
乾，可依據自己的喜
好挑選襯衫、針織
衫、毛背心或大學T，
避免材質厚重，有保
暖效果且好穿脫為
原則。

第三層

擋風防水

最外層的大衣，需要
有擋風與防水效果。
經典的風衣、多口袋
的軍外套或防水機
能夾克，都是不錯的
選擇！遇到氣溫驟
降時，也可隨身攜帶
圍巾加強保暖喔！

美 感 行 動

試試更方便輕盈的玉米式穿搭法，內層搭配發熱衣或簡單的圓領衫，外
面選擇保暖防風的大衣，一厚一薄，一內一外的兩層穿搭。

美感，就是在得體與舒適之間取得平衡

Mid-Autumn

圓滿

賞月圓，吃月餅，求圓滿！
這些寓意深遠的習俗
總是帶給我們希望與力量
提醒我們凝聚家族家人情感
一起過節相聚慶團圓
感受彼此的關懷與祝福
心暖了，就沒有缺口
事事就能圓滿平和

中秋節…

圓滿

月圓人圓

住感

⠿ 中秋傳説 ⠿

秋天的中期，稱為中秋。這一天的月亮比其他月分的滿月更圓更亮，仰望天空明月，會讓人有思念之情，期待團圓相聚。嫦娥奔月、吳剛伐桂或玉兔搗藥，都是中秋傳說。

⠿ 月餅團圓 ⠿

賞月吃月餅是中秋節的傳統習俗，月餅是分送親友，聯絡感情的好贈禮。八月十五月正圓，與家人一起共享月餅共歡樂。

⠿ 柚子柚帽 ⠿

中秋節前後正是柚子盛產期。「柚」與保佑的「佑」同音；柚子又與「遊子」回家團圓、「有子」（早生貴子）諧音。這些吉祥的寓意，都讓人大啖柚子之餘，也想討個好彩頭。

美 感 行 動

想到就要行動，現在就打電話約見面，隨便找什麼理由都好喔！只要願意花時間聚在一起，交換彼此生活，就是一種圓滿美好。

美感，就是感受人情溫暖　87

Halloween 造型

萬聖節是西洋的鬼節
萬聖夜也是孩子們的歡樂時光
假鬼假怪的各種造型服
有黑色的蝙蝠、巫婆
紅色的吸血鬼獠牙、傷口血液
橘黃色的南瓜
還有白色幽靈、骷髏頭
組合成萬聖夜的驚奇
原本應該令人恐懼害怕的妖魔鬼怪
透過大家的創意
變得可愛俏皮多造型

TRICK or TREAT

南瓜派對

紅色派對

黑色派對

每年 3～10 月是南瓜產季,除了可以吃到美味營養的南瓜料理外,還可買到不同顏色、不同造型的觀賞用南瓜。隨筆在南瓜上畫一張鬼臉或拿刀刻一個圖案,就是很應景的裝飾品。

血液的紅色是萬聖節的代表色。找出所有紅色食材來辦桌,如番茄義大利麵、甜菜根果汁、火龍果沙拉、還有塗滿草莓醬的吐司點心等,都是應景有趣的紅色料理。

黑色是有距離感的神祕色彩,象徵黑夜與黑暗。巫婆、蝙蝠、吸血鬼,都穿上黑色外衣,才有令人懼怕的氣勢。

美 感 行 動

用手邊常見的食材,做出萬聖節特有造型點心,如杏仁果手指餅乾、草莓木乃伊吐司或怪表情棉花糖!

Autumn 秋日書籤
Bookmark

詩人筆下的秋天，總是有絲絲的苦味、淡淡的傷感，即使惆悵孤獨卻又充滿希望。學詩人抒發情感，用文字捕捉秋天的美。配合不同主題，在書籤上寫下你看到、想到、聽到的勵志小語，也可以裝飾一片落葉、花瓣，畫一點塗鴉或貼張小圖，讓每一張書籤都有自己的故事。

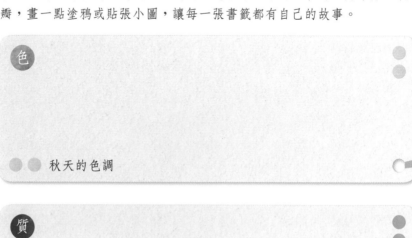

色

秋天的色調

質

秋天的質地

形

秋天的構造

食

秋天的美食

衣

秋天的衣著

住

秋天的節慶

Winter

冬天，積蓄著堅毅的力量
孕育生命的信息，等候黎明曙光
即使風霜白雪覆蓋大地
萬事萬物仍蓄勢待發
紅配綠的互補對比，外冷內熱的溫度差
軟硬質感的混搭，呼應了冬天極端的情緒
人與人的關係，在歲末更加凝聚
一年美好的回憶，團聚圍爐話家常

Complementary
補色

俗話說紅配綠狗臭屁
也有人說紅配綠真美麗！
紅色及綠色在色相環裡
呈現 180° 相對位置
對立的兩色被稱為補色，或對比色
黃與紫、藍與橙都是互補色
對比色的互搭容易產生強烈衝突
吸收彼此的色暈與殘像
造成強化作用
搭配得好，會更顯飽和鮮亮
若搭得不好就會互相排斥

仔細看不同背景裡的灰,各自帶有什麼色的殘影?

指定色

180°

指定色

150°

紅…
配…
綠…

補色

補色對比

色視

::: 補色殘像 :::

注視一個色塊超過30秒以上,忽然將顏色抽離時,眼睛會在原來的位置出現一個與原色彩同形不同色的虛影,殘留的色彩就是補色。例如,紅色背景中的灰,會帶著一點綠色,而綠色背景會帶一點紅色,這就是殘像效應。

::: 補色強弱 :::

一山不容二虎,讓兩色有主客之分,從使用面積開始分成一大一小、或利用明度一高一低,或彩度一強一弱來協調,就可免除兩色相爭的衝突尷尬,達到彼此烘托的效果。

::: 補色調和 :::

對應在150°範圍內的鄰近色,也具有對比調和作用。例如黃色的補色是紫色,紫色的類似色是紅紫色與藍紫色,黃色搭配紫色、紅紫或藍紫色,都具有對比效果,只要搭配得宜,就能感受明朗活潑的調和性。

 美 感 行 動

許多國家的國旗,都會運用對比色配搭,展現朝氣,找看看,哪一個國家的國旗,是運用對比色的配色原理?

美感,就是找到最舒適的配色關係　95

Warm&
Cool 冷暖

色彩帶給我們微妙的心理反應與變化
透過不同的色彩配搭
我們感受喜怒哀樂
動靜、寒暖、輕重與遠近
每個人面對色彩的感受，有相通的感應
但也可能受到過去經驗影響
而呈現主觀的感受

溫⋯
度⋯
感⋯

冷暖

色彩心理

色
視

▒▒ 暖色寒色 ▒▒

色彩有溫度,黃、橙、
紅是暖色系,連結火
焰、陽光、熱情等感受;
藍、藍綠與藍紫是寒
色系,令人想到天空、
海洋、冰山等;介於中
間的綠色與紫色是中
性色,有時偏暖色系
的溫和,有時偏寒色
系的寒冷。無色彩的
深灰或黑會帶來溫和
感,明度愈高的淺灰
或白色,相對寒冷。

▒▒ 積極冷靜 ▒▒

色彩有情緒,黃、橙、
紅都是積極的顏色;
藍、藍綠、藍紫是穩
重低調的沉靜色。綠
色與紫色則介於中
間,視狀況而定。

▒▒ 膨脹收縮 ▒▒

色彩有胖瘦,黃、橙、
紅,有向前逼進與膨
脹感;相對的,寒色
調有收縮後退的感
覺。利用色彩膨脹
收縮的特性,可修飾
身形,也可改變空間
大小。

美 感 行 動

色彩有冷暖的心理效應,冬天的居家生
活,適合點綴哪些顏色以增加空間的溫
暖感受呢?你覺得可以用哪些方式改變
家的色彩呢?

美感,就是連結生活經驗,創造新的體驗　**97**

Texture 軟硬

不只是衣服、包包、手帕
窗簾、桌巾、抹布、地毯、沙發布……
日常用品很多都跟纖維布料有關
常見的棉麻絲毛
是人類使用最久的天然纖維
隨著科技進步，人造纖維大量出現
創造出各種符合需求的質材
發熱、涼感、抗菌、排汗等高機能布料
每一種纖維都有其特色及優缺點
挑選衣服及生活用品時
需要眼到、手到、心到
才能選到美觀、舒適、合宜
且不汙染環境的理想質料

∴∴ 纖維五感 ∴∴

纖維的組成成分不同,各有其特性。可透過主觀的觀察、手感觸摸、透光覺察,連結心理感受。例如純絲布料,看起來亮亮的,觸摸起來光滑細緻,讓人感到高級又高貴。

∴∴ 天然纖維 ∴∴

分為植物與動物纖維兩大類。取自棉花籽的純棉,舒適吸汗;取自亞麻、苧麻韌皮或葉纖維的純麻,手感粗細不均,涼爽耐用易皺;取自蠶繭的絲綢,有天然光澤、冬暖夏涼;取自羊毛的毛料,柔軟蓬鬆,具保暖功效。

∴∴ 人造纖維 ∴∴

天然纖維雖好,卻容易受氣候環境影響產量與價格。為降低成本提升機能,人造纖維大量出現,以聚酯纖維(Polyester) 最普及。此外模仿毛的壓克力纖維,以及具伸縮性的彈性纖維都很常見。

美 感 行 動

翻看看,你的衣服、手帕、抹布、桌巾等內側邊緣,有沒有纖維標示?那是布料的身分證,提供纖維成分與洗滌熨燙方式,幫助我們正確對待這塊布料。

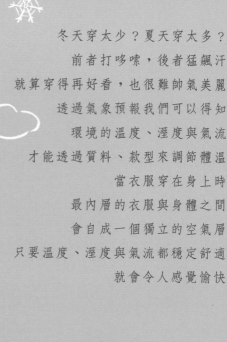

Thick & Thin 厚薄

冬天穿太少？夏天穿太多？
前者打哆嗦，後者猛飆汗
就算穿得再好看，也很難帥氣美麗
透過氣象預報我們可以得知
環境的溫度、溼度與氣流
才能透過質料、款型來調節體溫
當衣服穿在身上時
最內層的衣服與身體之間
會自成一個獨立的空氣層
只要溫度、溼度與氣流都穩定舒適
就會令人感覺愉快

體溫調節 … 厚薄

服裝衛生學

質 觸

∷∷ 衣服氣候 ∷∷

最佳的衣服氣候，應維持在溫度 32±1 ℃、溼度 50±10%、氣流 25±15cm/sec。這些數字只是參照，就算沒有儀器測量，我們的體感也會自動發出過熱、過冷或不通風透氣的警訊，讓我們透過穿脫衣服來調節。

∷∷ 冬天發熱 ∷∷

天氣寒冷時，為避免體溫流失，應選擇高領、圍巾、袖口褲腳有收束包覆性的長袖長褲，讓身體熱氣停留在最內層的空氣層內。發熱衣的原理，就是保留與利用人體熱氣，且兼顧排汗透氣，提升材質保暖度。

∷∷ 夏天涼感 ∷∷

夏天氣溫高，衣服與身體間的空氣層，需增加更多對外的空氣交流，幫助快速散熱。材質輕薄透氣、短袖短褲是常見單品，選擇能快速將表層肌膚汗水與溼氣排出的纖維，讓溫度溼度恆定，並加速對流。

 美 感 行 動

每個人的體感溫度不同，只要穿衣服時覺得舒適，就是理想的衣服氣候！比較看看，給不同人穿同一件羽絨衣，每個人感受都不同？

Emphasize 強調

如果有人問你
早餐都吃什麼？你怎麼回答？
香奈兒（Coco Chanel）回：「一朵山茶花。」
十分浪漫唯美的答案，彷彿聽到心跳的聲音
感受到香奈兒對愛情的堅貞不移
正如山茶花總是在嚴冬裡美麗自得
永不凋零，綻放到最後一刻
香奈兒最愛的情人卡培男孩（Boy Capel）
送她的第一束花，正是山茶花
藉此表達兩人永恆的愛情
讚賞她霜雪不欺的高潔
別一朵山茶花在胸前
是對愛情與生命的執著

山
茶
花…

強調

心跳的聲音

形

聽

::: 山茶花語 :::

山茶花盛開在一月到三月，單一株山茶花可能枝變出純白、嫩粉或鮮紅等形式相異的花朵。山茶花不會片片凋落，而是綻放到最後，再果斷從花蕚處整朵掉落。象徵著永恆的愛情和堅毅的人生態度。

::: 山茶花香 :::

山茶花沒有花香，不會從盛開的香氣變成腐敗的臭味。香奈兒以山茶花諷刺那些噴著過重香水的庸俗交際花們，也時時提醒自己保持純真清雅之美。

::: 山茶花飾 :::

香奈兒與山茶花的淵源，起於舞臺劇《茶花女》（The Lady of the Camellias），內容是關於男女主角備受考驗的乖舛愛情故事，女主角總是在胸前配戴著山茶花，特別引人注目。當時歐洲許多時髦貴族男士，也會在外衣上配戴一朵白色山茶花彰顯身分地位。

 美 感 行 動

冬天裡，除了山茶花外，還有哪些花盛開？梅花、長壽花、水仙花與君子蘭等，找看看這些花的蹤影，或從網路蒐集圖片及代表花語。

Pose
Etiquette 平衡

貓咪的優雅，渾然天成
走路時昂首闊步，散發自信風采
站立時，抬頭挺胸，英姿煥發
扭動身軀時，頭腳重心平衡
坐下來時，收起小腹
放鬆身體，調節呼吸，展現最好的儀態
往前看，低著頭，仰起臉，一回眸
舉手投足就是令人讚嘆的平衡美

優雅的貓 … 平衡

美姿美儀

形 聽

::: 站姿 :::

站歪了，背就會痠，也美不起來！想像自己身體有一條中心線，從身體中軸往上延伸拉直提高。對著鏡子正面看自己時，從頭到腳都要左右對稱平衡。從側面看，耳朵、肩膀、骨盆、腳踝關節連成一直線。

::: 坐姿 :::

良好不費力的坐姿，需要兩個90°：臀部與椅背形成90°、膝蓋併攏並彎曲90°。坐時收小腹，背部挺直，腰部與椅背間約距離一個拳頭的空間。坐挺後，放鬆肩膀，雙手輕放大腿上，腳尖併攏。

::: 走姿 :::

走路不可拖腳跟，應該拉直身體，腳先跨出，而不是頭或肚子先。落地要輕，雙腳平均受力，前後步伐不要超過肩寬，就像貓咪一樣，動作大方，走路沒有聲音。

美 感 行 動

每日貼牆站立 15 ～ 20 分鐘，幫助身體記憶正確姿勢。記得下巴要微內縮，後腦勺、後背、臀部及後腳跟都確實貼牆站好。

Winter Solstice 冬至

冬至吃湯圓，幸福人團圓
這一天太陽直射南回歸線
北半球的白天最短、黑夜最長
冬至後，代表冬天真正來臨
老一輩的人總喜歡説
吃了湯圓就會快快長大
過冬至就會長一歲
又紅又白的圓圓外觀
更象徵「團圓」、「圓滿」好兆頭
來碗熱呼呼的湯圓
平安又添歲

暖心暖胃　冬至

食 味

湯圓大會

::: 吃湯圓添歲 :::

冬至的清晨，家家
戶戶起早搓湯圓、
忙祭祖，熱鬧程度
不亞於過年。因此
古人說：「冬至大如
年」、「冬至吃湯圓
長一歲」。

::: 紅白湯圓 :::

冬至是節氣交接點，
以紅白湯圓象徵陰
陽交替。純糯米製
作的稱為「小圓仔」；
芝麻糖和花生粉做
餡，搓成大大的圓
球，稱為「圓仔母」。
現代更有五行、五色
或各種彩色湯圓，用
創意豐富節慶的美
感與趣味。

::: 湯圓黏門窗 :::

冬至有個漸漸失傳
的傳統習俗「餉耗」。
人們會將祭拜後的
湯圓黏在門、窗、牛
角或農具上，代表犒
賞與答謝萬物一年
來的付出，抱持感恩
的心謝天謝地。

美 感 行 動

傳統黏湯圓是對萬
物表達感恩之意，
約莫三天乾燥後
即可取下。現代人
沒有農具，你會黏
在哪裡？書桌？床
頭？電腦？手機？

Ingredients
Winter 冬食

外在的節氣變化要與身體相互呼應
人類雖然不用冬眠
但天氣寒冷氣血循環差，宜早睡晚起
隨太陽起落作息，保持充足睡眠
才能達到身心平衡
冬季是蔬果的盛產期
種類較多，價格相對平穩
可多吃黑色食物
如黑木耳、黑香菇、黑豆等補足腎氣
俗語說：「冬令進補，春天打虎」
代表身體若在冬季保養得宜
等春天來臨，就能有勇健的體魄

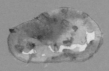

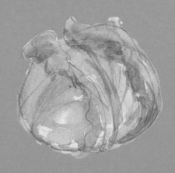

冬食

黑色進補

冬天的滋味

食味

蕈菇類

黑木耳、黑香菇

春酸、夏苦、秋辛、冬鹹，四季味道各有不同。冬季盛產的黑木耳與黑香菇拿來紅燒燉煮，熱量低又營養。

蔬菜類

茼蒿、高麗菜
冬筍、胡蘿蔔

禦寒進補不一定要大魚大肉，蔬菜與根莖類富含豐富維生素與礦物質，在熱騰騰的火鍋裡，加進冬天盛產的蔬菜吧！

水果類

柑橘、金棗、葡萄
櫻桃、聖女番茄

時序入冬，一連串柑橘輪番上陣，包含金桔、桶柑、茂谷柑、椪柑等，滋味酸甜，外觀討喜。

美 感 行 動

柑橘類的水果，有大吉大利的諧音，過年前後，將紅澄澄的柑橘水果堆成堆，再貼上小春聯，特別有年味。

Mix & Match 混搭

混搭不是隨便搭配
混搭的概念是異質性的撞擊
不同的材質、造型或風格
透過拼湊，找到核心基調，創造衝突美
同質性愈高，愈有系列成套的整體性
異質性愈高，愈給人活潑跳躍的個性美
掌握整體造型的基調
先混搭兩種風格或兩種材質
例如休閒牛仔褲搭配正式西裝外套
浪漫紗裙配上運動夾克等
透過色彩達成協調，並以配件畫龍點睛
就能創造自己的混搭時尚

∷∷ 帽子圍巾 ∷∷

帽子與圍巾是各種配件中最快引起注意的焦點,對整體風格具影響力。戴上棒球帽,看起來休閒!換上蓓蕾帽,則顯得優雅古典。選擇帽子時,頭型與髮型是關鍵,同一頂帽子,會因為頭型與髮型影響美觀,記得多比較,換髮型也要換帽子!

∷∷ 耳環項鍊 ∷∷

耳環、項鍊與手環、戒指,屬於同系列的配件,建議以同材質為宜。如金銀金屬、壓克力、水晶、皮革等質感,款式、色彩或造型則不限制相同。造型誇張的設計,適合搭配低調簡潔的衣服。相對的,衣服鮮明搶眼時,飾品就扮演綠葉,不要太浮誇。

∷∷ 鞋子包包 ∷∷

看鞋子選包包或看包包選鞋子,是比較容易的搭配法。例如以色彩來搭配,黑色包包配黑色鞋子;以材質來搭配,球鞋搭配運動後背包或帆布包。鎖定鞋子與包包的共同基調,衣服就算是不同色調、材質或風格,也能維持整體的穩定性。

美 感 行 動

圍巾是冬天最常使用的保暖型配件,一條圍巾可以創造出各種不同造型。試著變換圍巾的各種圍法,讓每天的穿搭更有型。

Combo
Outfit 冬裝

服裝代表身分地位與對場合的尊重
除了上學上班有規定的制服外
多數人的日常服裝，以休閒、隨性為主
一旦遇到正式場合，就會不知所措
多數人會選套裝、西裝或小洋裝
配上不露趾的皮鞋或高跟鞋
不失禮，也不加分
實際上，正式場合分成很多類型
有的需要戴領結、穿燕尾服、大禮服
有的只需要西裝領帶，或短洋裝就可以
很多細節都要事前確認
才能展現紳士淑女的合宜風範

⋮⋮⋮ 穿搭原則 ⋮⋮⋮

長袖長褲長裙比短袖短褲短裙合宜；有領比無領正式；細緻有光澤的質料比粗獷有顆粒的質料更顯高貴；深色比淺色更穩重。記得配戴質感好的項鍊、耳環、手錶、皮鞋、袖扣等飾品，凸顯個人品味。

⋮⋮⋮ 雅痞紳士 ⋮⋮⋮

襯衫的袖扣、領口、領尖的鈕扣都要扣好。領帶的適當長度是底端剛好蓋住皮帶。穿著西裝時，最下方扣子可不扣；其他扣子則是坐下鬆扣，站起來扣好。皮帶與鞋襪要同色系，白皮鞋配白襪，黑皮鞋配黑襪。

⋮⋮⋮ 名媛淑女 ⋮⋮⋮

裙裝比褲裝得體，連身洋裝比單件裙子更正式。依場合需求搭配披肩或小外套，加上項鍊、耳環與高跟鞋。包包不宜過大。最後噴一點淡香水，讓全身散發清新香氣。

 美 感 行 動

收到一張邀請卡，上面的 Dress Code（服裝要求）是 Black Tie（黑領結），代表要穿什麼？

男生→黑色無尾晚禮服＋黑領結＋腰帶＋黑鞋＋黑襪

女生→長禮服或華麗的小禮服

Ambience
氛圍

叮叮噹！叮叮噹！耶誕節來囉！
一閃一閃的耶誕燈飾點燃歡樂
紅配綠的耶誕樹上，掛滿金銀彩球
在歲末的倒數日子裡
精心準備一份禮物
送給最在乎的家人、好友與情人
透過交換禮物，同歡慶祝、傳送心意
同時，也別忘了把自己的願望
放進耶誕襪內
相信耶誕老公公會達成願望
為我們捎來驚喜、希望與溫暖

::: 送禮物 :::

::: 收禮物 :::

::: 拆禮物 :::

送禮物是一門學問，送得好心意到，送不對很尷尬！挑選時應貼心觀察對方的需求喜好，並依據送禮原因、可負擔的預算、對方身分地位等挑選。送禮物是表達祝福對方的心意，太貴重或隨便的禮物，會讓人難以承受。

收禮物也是人際美學，收到不喜歡的禮物，直接表達不喜歡？我不要？還是笑笑接納？或假裝很驚喜？如果對方有滿滿誠意，看得出是精心挑選，即使不喜歡，也該有適度的情感回饋。即使拒絕也要保持禮貌，不造成雙方尷尬。

拆禮物是既期待又怕受傷害的過程！若有幸收到自己期待已久的禮物，真的會很開心！華人比較含蓄，不好意思當面拆禮物，多半是收下後默默打開獨享驚喜。大多數西方人喜歡當場拆開禮物，表達驚喜並立即回饋！

美 感 行 動

耶誕節前夕，找家人好友一起玩交換禮物吧！禮輕情意重，事先設定好禮物的金額，各自準備一份禮物來交換。

Relationship 關係

美，不只展現在表象的事物上
也存在人們的心中
美感很容易被當成虛華做作
刻意堆砌與賣弄品味
營造美感就像經營人際關係一樣
需要滿滿的正能量與剛好的溫度
太刻意的美感不真實
太強調視覺的美，會看不到內在的美
美，需要從生活啟動，需要保持彈性
不需要拿尺丈量，不需要放大標準
只要調整心情，開放心胸
累積美的記憶，就能匯聚美的能量

::: 保持愉悦 :::

過度完美，容易苛求別人，要求自己；過度完美，容不下一粒沙，對別人的讚美抱持懷疑；過度追求完美，無法建立良善的人際互動。學會輕輕放下，保持愉悦，才能活出美好。

::: 知足感恩 :::

樂觀的人比較有勇氣，悲觀的人經常很恐懼！陷在不開心的情緒中，總覺得自己不堪，看到別人的好，羨慕又嫉妒，這些低落的情緒會讓人難以抬起頭。唯有知足感恩，心胸才能開闊豁達。心滿足了，美就不遠了。

::: 分享共鳴 :::

當內心覺得感動時，你想和誰分享？和懂你的人分享？和願意傾聽你的人分享？和喜歡你或你喜歡的人分享？只要願意分享美的感動，就能讓美不斷被增強擴大，引起更多共鳴。

美 感 行 動

內心有感動時，記得說出來！找到對的人大方分享，只要感動過，美就會被記憶下來，產生共鳴。

Winter Diary

美感日常

入冬後，天氣環境跟著轉換，看到、聽到、吃到、聞到、摸到、感覺到什麼？啓動感知，讓美感有感，寫下冬天帶給你的美好。

 視 覺

我看到？我覺得……

 聽 覺

我聽到？我覺得……

味 覺

我吃到？我覺得……

嗅覺

我聞到？我覺得……

觸覺

我觸摸到？我覺得……

感覺

綜合以上五感感知，寫下美的感動……

國家圖書館出版品預行編目資料

美感365／羅安琍著.--初版.
--臺北市：幼獅，2020.08
　　面；　公分

ISBN 978-986-449-200-8（平裝）

1.藝術教育 2.美學 3.中等教育

524.472　　　　　　　　　109009946

美感365

文 ・ 圖＝羅安琍
出 版 者＝幼獅文化事業股份有限公司
發 行 人＝李鍾桂
總 經 理＝王華金
總 編 輯＝劉淑華
主　　編＝洪雅琦
編　　輯＝吳曾雯
總 公 司＝(10045)臺北市重慶南路1段66-1號3樓
電　　話＝(02)2311-2832
傳　　真＝(02)2311-5368
郵政劃撥＝00033368

印　　刷＝嘉伸印刷股份有限公司
定　　價＝280元
港　　幣＝93元
初　　版＝2020.8
書　　號＝997041

幼獅樂讀網
http://www.youth.com.tw
e-mail:customer@youth.com.tw
幼獅購物網
http://shopping.youth.com.tw